L'oppidum de Bibracte

Guide historique et archéologique au Mont Beuvray; d'après les documents archéologiques les plus récents

Editor

Jacques-Gabriel Bulliot

Alpha Editions

This edition published in 2022

ISBN : 9789357384940

Design and Setting By
Alpha Editions
www.alphaedis.com
Email - info@alphaedis.com

GUIDE DU BEUVRAY

Phrourion Bibrachta, (STRABON, IV, 3.)

Le mont Beuvray, situ√© √† 25 kilom√®tres d'Autun, occupe la pointe m√©ridionale de la cha√ģne du Morvan, √† laquelle il n'est reli√© que par le col de L'Echenaux, plac√© √† 255 m√®tres au-dessous de sa cime. Les nombreuses sources auxquelles il donne naissance forment autour de sa base un foss√© profond de 20 kilom√®tres de circonf√©rence; les montagnes, qui sont derri√®re lui, atteignent les Vosges √† l'est et se prolongent jusqu'aux extr√©mit√©s de l'Armorique; l'Yonne, affluent de la Seine, na√ģt √† ses pieds: le massif de 800 √† 900 m√®tres d'√©l√©vation--dont il occupe un des sommets--forme donc le point d'intersection des trois principaux bassins de la Gaule centrale: ceux de la Loire, de la Seine et de la Sa√īne.

Sur le fa√ģte de cette montagne, aujourd'hui en partie bois√©e, s'√©levait jadis une des plus importantes cit√©s de la Gaule: BIBRACTE--la capitale des √Čduens, l'*oppidum maximae auctoritatis* de C√©sar, le *Phrourion Bibrachta* de Strabon--dont le nom a persist√© dans le *Biffractum* des chartes et dans celui de Beuvray.

L'occupation d'une pareille place expliquerait, √† elle seule, l'influence des √Čduens sur les nations limitrophes. Bibracte, du haut de ses plateaux, pr√©sentait le front √† chacune d'elles, et pouvait lancer √† son gr√© des bandes dans leurs vall√©es qui s'ouvraient √† ses pieds, ou les replier en cas d'insucc√®s dans ses retranchements inexpugnables.

Si l'on songe aux conditions physiques o√Ļ se trouvait la Gaule, √† ces guerres permanentes qui faisaient de ce pays un vaste champ-clos, dans lequel les tribus n'√©taient occup√©es qu'√† s'attaquer ou √† se d√©fendre, √† soutenir ou √† entreprendre des si√®ges, on doit convenir qu'il n'existe, sur aucun point du territoire √Čduen, un lieu plus merveilleusement appropri√© que le mont Beuvray aux exigences d'un √©tat de choses aussi violent.

Avant de d√©crire les diverses parties de l'*oppidum* de Bibracte, mises √† jour par les fouilles de ces derni√®res ann√©es, nous essaierons de retracer bri√®vement l'histoire de cette forteresse dont la destin√©e se liait √† celle d'une puissante cit√©, et qui fut, pendant de longs si√®cles, l'instrument de son salut et de sa grandeur.

I APER√áU SUR L'HISTOIRE DE BIBRACTE

Des haches de bronze et quelques fl√®ches en silex sont les premiers indices du s√©jour de l'homme sur la montagne de Beuvray. A cette preuve arch√©ologique de l'anciennet√© de la station, il convient d'en ajouter une autre emprunt√©e aux traditions religieuses: le culte des eaux et des fontaines--le plus ancien de tous avec celui du feu--a laiss√©, en effet, sur la montagne (o√Ļ il fut apport√© par les races d'√©migrants venus d'Asie) des traces qu'on ne saurait m√©conna√ģtre et qui jusqu'ici ont r√©sist√© √† toutes les r√©volutions. La persistance de ce culte au *m√™me* lieu, aux *m√™mes* √©poques--et suivant les *m√™mes* rites que l'on voit observer encore aujourd'hui sur les bords du Gange et de l'Indus, s'explique difficilement si l'on n'admet point que *d√®s les temps les plus recul√©s* le mont Beuvray a √©t√© fr√©quent√© comme un lieu de p√®lerinage, et que les coutumes dont nous parlons puisent leur vitalit√© dans la profondeur des √Ęges.

La position escarp√©e de la montagne dut en faire, √† l'origine, un refuge pour les populations de chasseurs et de pasteurs nomades qui occupaient le pays; d'autre part, la f√™te religieuse des sources du Beuvray fut un puissant app√Ęt pour les industries qui trouvaient en m√™me temps, dans cette position retranch√©e, la s√©curit√© indispensable √† leur travail, et l'√©coulement facile de leurs produits.

Les arts et l'industrie des Gaulois √©duens rest√®rent √† l'√©tat rudimentaire jusqu'√† l'√©poque o√Ļ des peuples plus civilis√©s--les Carthaginois et surtout les Marseillais--entr√®rent en communication avec eux par les deux grandes voies fluviales du Rh√īne et de la Sa√īne.[1]

Il serait difficile de fixer la date de ces premi√®res communications (que l'histoire a enregistr√©es √† une √©poque relativement r√©cente); nous savons seulement que, 123 ans avant J√©sus-Christ, les Marseillais mirent les √Čduens en rapport avec Rome et obtinrent pour eux le titre de *fr√®res du peuple romain.*

A l'√©poque dont nous parlons (un si√®cle environ avant l'√®re chr√©tienne) la Gaule √©tait divis√©e en clans restreints, sans lien entre eux, sans litt√©rature, et sans art proprement dit, presque sans √©criture--puisqu'il √©tait d√©fendu aux druides de s'en servir pour conserver l'histoire et les dogmes.--Les √Čduens √©taient pourtant en pleine prosp√©rit√©, sous le rapport mat√©riel. Nous n'en voulons pour preuve que l'√©tat de l'imp√īt et les entreprises financi√®res de certains chefs √©duens--dont l'un, Dumnorix, fermier de tous les p√©ages de la cit√©, ne voyageait jamais sans avoir trois cents chevaux √† sa suite.--L'agriculture √©tait tr√®s avanc√©e; l'emploi de la marne et de la chaux pour amender les terres--invention gauloise ou grecque--avait plus que doubl√© la fertilit√© des champs. *Aedui calce uberrimos fecere agros.* **[2]** Quant au b√©tail, il √©tait nombreux et nourri dans de vastes p√Ętures, situ√©es quelquefois dans l'int√©rieur m√™me des oppidum.

Cet √©tat de prosp√©rit√© fut s√©rieusement troubl√© dans le si√®cle qui pr√©c√©da l'√®re chr√©tienne par les luttes des √Čduens avec les Arvernes, les S√©quanais et surtout les Germains, appel√©s par ces derniers.

Les √Čduens, trop faibles contre tant d'ennemis r√©unis, furent √©cras√©s √† la bataille de *Magetobria*, dans laquelle leur noblesse p√©rit presque toute enti√®re. Il fallut livrer des otages, et payer des tributs on√©reux pour obtenir la paix. Le druide Divitiacus refusa seul de souscrire √† l'humiliation de sa cit√©, et se r√©fugia √† Rome, o√Ļ il fut l'h√īte de Cic√©ron. Introduit dans le s√©nat--il parla debout, √† la mode gauloise et par interpr√®te, appuy√© sur un bouclier orn√© de diverses couleurs--qui pour nous √©tait un bouclier √©*maill*√©.**[3]** L'√©loquence de Divitiacus n'obtint qu'un m√©diocre succ√®s. Ce n'est que lorsque les Helv√®tes menac√®rent la province romaine que la sympathie des Romains, √©veill√©e par leur int√©r√™t, leur remit en m√©moire la demande de secours de leurs *fr√®res* √©duens.

On conna√Æt l'histoire de cette campagne o√Ļ Bibracte est nomm√©e pour la premi√®re fois. C√©sar, manquant de vivres, se d√©tourna de la route que suivaient les Helv√®tes et prit celle de Bibracte, pour ravitailler son arm√©e qui √©tait alors distante de cette ville d'environ dix-huit milles--*quod a Bibracte... non amplius millibus passuum XVIII aberat.* **[4]**

Les ennemis, croyant que les Romains s'√©loignaient d'eux par crainte, revinrent sur leurs pas, et engag√®rent l'action o√Ļ ils furent--comme on sait--taill√©s en pi√®ces.

Apr√®s cette bataille--dite de Bibracte--les √Čduens, malgr√© leurs divisions intestines, march√®rent d'accord avec les Romains. Leur cavalerie, command√©e par Divitiacus, combattit m√™me dans leurs rangs au nord de la Gaule lors de l'insurrection des R√©mois.

L'alliance dura jusqu'aux entreprises de Vercing√©torix. A ce moment, un parti puissant dans la cit√© √©duenne cherchait √† la d√©tacher des Romains; le vergobret venait d'√™tre √©lu et il avait fallu l'intervention de C√©sar pour pacifier les esprits et fixer le choix du magistrat supr√™me, mais la cit√© n'en continuait pas moins √† √™tre travaill√©e par des factions rivales. La cavalerie √©duenne, sous les ordres de Litavie et de ses fr√®res, s'√©tant mise en marche pour rejoindre C√©sar au si√®ge de Gergovie, les chefs r√©solurent de faire passer leurs troupes non √† l'attaque mais √† la d√©fense de la place. C√©sar, inform√© de ces men√©es, d√©joua le complot: Litavie--l'un des auteurs de la conspiration--put seul √©chapper aux Romains et passa √† l'ennemi--avec son escorte; car, dit l'auteur des *Commentaires, il est sans exemple qu'un client gaulois abandonne son chef en p√©ril de mort.*

L'√©chec des Romains au si√®ge de Gergovie fut un encouragement pour le parti qui leur √©tait hostile, et l'insurrection s'√©tendit par toute la Gaule.

Apr√®s la lev√©e du si√®ge et tandis que C√©sar descendait la rive gauche de la Loire pour rallier Labienus, Litavie gagna rapidement la route de Bibracte, et fut re√ßu par les √Čduens:--*Litavicum Bibracte ab Eduis receptum.* **[5]**--Le vergobret et le s√©nat ne tard√®rent point √† l'y rejoindre.

C√©sar apprit cette nouvelle avec une inqui√©tude qui perce √† travers son style, en d√©pit de sa concision, et, comme pour se justifier de ne point marcher sur Bibracte, il pronon√ßa ces mots qui marquent bien la position imprenable de cette forteresse et l'impossibilit√© d'un si√®ge: *Bibracte ... quod est apud cos oppidum maximae autoritatis.* **[6]**

Au m√™me moment, Vercing√©torix accourait aussi √† Bibracte pour entra√Æner d√©finitivement la cit√© dans son parti. L'assembl√©e g√©n√©rale des chefs gaulois y fut convoqu√©e:--*Totius Galliae concilium Bibracte indicitur.*[7]

Le chef Arverne, acclam√© par la foule, fut plac√© par l'enthousiasme populaire √† la t√™te de toutes les forces r√©unies de la Gaule, malgr√© l'opposition des chefs √©duens, humili√©s de voir leur cit√© ob√©ir √† un √©tranger. Ils fournirent, n√©anmoins, leur contingent pour la d√©fense d'Alesia, mais la conduite de plusieurs d'entre eux, faits prisonniers par les Romains, a laiss√© subsister des doutes sur leur fid√©lit√© √† la cause nationale.

Apr√®s la prise d'Alesia, C√©sar rendit aux √Čduens leurs prisonniers et vint lui-m√™me hiverner √† Bibracte:--*Ipse Bibracte hicmare constituit.*[8]

Il √©tait occup√© √† y rendre la justice, lorsqu'il apprit que les Bituriges pr√©paraient une nouvelle insurrection. Ne voulant pas laisser √† l'ennemi le temps d'organiser ses forces, il quitta Bibracte la veille des kalendes de janvier :--*Pridic kalendas januarias a Bibracte proficisitur,*[9]--avec une faible escorte de cavalerie:--*cum manu equitatis*,--et laissant Marc-Antoine √† la garde des bagages, il rallia la XIe l√©gion camp√©e dans le voisinage:--*quae proxiima erat*,--et la XIIIe qui occupait la limite entre les √Čduens et les Bituriges. L'ennemi, pris √† l'improviste, fut compl√®tement d√©fait. La conqu√™te de la Gaule √©tait achev√©e.

Il ne para√Æt point que C√©sar soit revenu √† Bibracte, du moins ni lui ni ses historiens n'en ont fait mention. La forteresse est nomm√©e encore une fois par Strabon, quelques ann√©es plus tard, √† une date difficile √† pr√©ciser: ¬ęLes √Čduens--dit ce g√©ographe--ont une *ville*, Chalon-sur-Sa√īne, et une *forteresse*, Bibracte.¬Ľ

L'organisation nouvelle donn√©e √† la Gaule par Auguste semble avoir d√©cid√© de la suppression de l'ancien oppidum. Rome ne voulut pas laisser entre les mains d'une population toujours remuante une forteresse de cette importance qui, √† un moment donn√©, pouvait offrir aux insurg√©s un point d'appui des plus solides.

Bibracte fut d√©truite avec Gergovie et remplac√©e comme elle par une ville de cr√©ation romaine. Elles prirent l'une et l'autre le nom d'Auguste: *Augustodunum--Augustonemetum*;--et Bibracte fut transport√©e √† Autun, comme Gergovie √† Clermont.

Les Romains--ces ma√ģtres dans l'art de coloniser--ont fait usage assez fr√©quemment du moyen dont nous parlons, soit pour ch√Ętier une cit√© rebelle, soit pour briser les derni√®res r√©sistances d'un pays r√©cemment conquis.

Pausanias cite, entr'autres, un grand nombre de villes grecques qu'Auguste, apr√®s la bataille d'Actium, d√©peupla enti√®rement et dont il transporta les habitants dans d'autres cit√©s, pour les punir d'avoir servi le parti d'Antoine.

En Gaule, la s√©v√©rit√© de la nouvelle administration transforma en peu de temps les populations indig√®nes et leur fit oublier jusqu'√† leur langue.**[10]**

Les anciennes forteresses furent d√©truites, et les r√©calcitrants tu√©s, vendus √† l'encan, ou transport√©s en masse.

Les quartiers industriels de Bibracte, les maisons de bois, les ateliers de forgerons et d'orf√®vres ont √©t√© indistinctement br√Ľl√©s; les maisons en pierres, plus riches, ont √©t√© d√©m√©nag√©es. Les mat√©riaux de luxe--tels que les mosa√Įques--ou simplement utiles--tels que les placages en pierre calcaire--furent partout enlev√©s pour √™tre employ√©s, sans aucun doute, dans les constructions d'Augustodunum.

La nouvelle capitale fut b√Ętie--selon l'usage romain--avec une rapidit√© bien faite pour nous √©tonner, mais dont la cr√©ation des cit√©s am√©ricaines nous offre encore aujourd'hui l'exemple. ¬ęEn quelques mois--dit Viollet-le-Duc--les Romains cr√©aient une ville¬Ľ, et il d√©crit leurs proc√©d√©s.

L'intervalle de temps qui s√©pare l'√©poque o√Ļ Strabon cite Bibracte, de celle o√Ļ appara√ģt pour la premi√®re fois le nom d'Augustodunum dans Tacite, peut √™tre √©valu√© √† un *maximum* de 25 ann√©es.

Les m√©dailles fournissent d'ailleurs sur l'abandon de Bibracte et les commencements d'Augustodunum des renseignements qui concordent avec ceux de l'histoire.

Parmi les deux mille et quelques monnaies trouv√©es au Beuvray, les plus r√©centes sont le petit bronze frapp√© en Gaule au revers de l'autel de Lyon et la pi√®ce gauloise de Germanus, fils d'Indutillus, qu'on regarde comme le petit-fils de l'Indutiomar des *Commentaires.*

Ces deux types, les derniers en date au mont Beuvray, sont les premiers qu'on rencontre √† Autun.**[11]**

La ruine de Bibracte et la somptuosit√© toujours croissante d'Augustodunum ne tard√®rent point √† faire oublier quelque peu la premi√®re de ces villes.

Attir√©es par la curiosit√© ou l'int√©r√™t vers le nouveau centre qui r√©unissait l'administration, les √©coles et le commerce, les populations ne connurent bient√īt plus le vieil oppidum que par son p√®lerinage et sa foire.

Eum√®ne, √† la fin du troisi√®me si√®cle, cite Bibracte en passant, une fois encore, et comme √† titre de mention historique. La d√©signation de Florentia, qu'il ajoute √† son nom, semble elle-m√™me indiquer que cette f√™te du printemps l'emp√™chait d'√™tre enti√®rement oubli√©e.**[12]**

Tel ne fut pourtant pas son sort, malgr√© les invasions barbares, qui port√®rent le dernier coup √† tout ce qui se rattachait aux anciens centres gaulois, confondus souvent, par la communaut√© d'un m√™me d√©sastre, avec les villes de cr√©ation plus r√©cente.**[13]**

Le nom de Bibracte fut conserv√© √† la montagne, et se transforma peu √† peu en celui de Beuvray qui--pour le philologue--est exactement le m√™me.

Au seizi√®me si√®cle, Gaucher, chanoine d'Autun, parlant de deux de ses amis qui se rendaient au Beuvray pour la foire du premier mercredi de mai, √©crit ces mots: ¬ę... *qui ibant Bibracte.*¬Ľ

Jean Bouchet, dans ses *Chroniques d'Aquitaine*, parle de Libracte (*sic*)... ¬ęqui √©tait une petite ville d'Authun qu'on appelle de pr√©sent Beuvray.¬Ľ

Dans tout le bassin de l'Arroux les registres des paroisses mentionnent √† la m√™me √©poque: La Comelle-sous-Bibracte, St-L√©ger-sous-Bibracte, etc.

Le passage que le c√©l√®bre jurisconsulte Guy-Coquille consacre au mont Beuvray dans son ¬ę*Histoire du Nivernais*¬Ļ est √† citer en entier:

¬ęLa montagne de Beuvray, en la cime de laquelle √©tait l'ancienne Bibracte, est aujourd'hui en dedans le duch√© et pays de Nivernois.

Il est vray-semblable que les plus anciennes villes, b√Ęties apr√®s le d√©luge, ayent √©t√© mises √®s-cimes des montagnes, et depuis, √† cause de l'incommodit√© des lieux hauts, ayent √©t√© transf√©r√©es en lieux plus bas et de plus facile acc√®s; ainsi les habitants de ce haut Beuvray se soient transf√©r√©s au lieu ou est de pr√©sent Authun, et pour l'honneur d'Auguste C√©sar l'ayent nomm√© Augustodunum.¬Ļ

La tradition populaire, qui n'est pas moins explicite, t√©moignerait √† elle-m√™me, par son √©tonnante persistance √† travers les √Ęges, de la grandeur de l'antique Bibracte, et de sa situation, m√™me en l'absence de textes √©crits et de faits mat√©riels:

¬ęEn faisant visiter les terrassements qui enveloppent les diff√©rents sommets de la montagne, les paysans rapportent que: ¬ęl√† √©tait autrefois la capitale de tout le pays... que la nuit on entend les charriots, les hommes et les chevaux courir sur les retranchements...¬Ļ Ils montrent l'emplacement des portes qui, lorsqu'on les ouvrait le matin, criaient sur leurs gonds, de fa√ßon qu'on les entendait jusqu'√† Nevers.¬Ļ

Sur les pentes abruptes qui conduisent √† la montagne, ¬ęil fallait--disent-ils encore--du temps de la *vieille ville*, cinq paires de boeufs pour monter un char.¬Ļ Ils ajoutent que la ville fut ruin√©e et montrent pr√®s du Beuvray un mamelon par lequel l'ennemi d√©boucha: une berg√®re aurait r√©v√©l√© le point vuln√©rable, et pour sa r√©compense, le chef des ennemis lui aurait perc√© le coeur d'un coup d'√©p√©e, dans la crainte qu'un repentir tardif ou une nouvelle indiscr√©tion n'avert√ģt trop t√īt les habitants que la trahison √©tait consomm√©e. Apr√®s la destruction de la ville, suivie d'un grand massacre, les survivants auraient quitt√© la montagne et fond√© Autun.

Quand l'Histoire est muette, il faut se contenter de la L√©gende--tel est le cas pr√©sent--mais, h√Ętons-nous de le dire, celle-ci n'a rien d'invraisemblable; en effet, bien que la premi√®re ne nous fournisse aucun d√©tail sur la fin de

Bibracte et les commencements d'Augustodunum, il est fort √† croire que la forteresse √©duenne ne fut point an√©antie sans qu'il y ait eu quelques r√©sistances de la part de la population indig√®ne. D'un autre c√īt√©, il est √† peu pr√®s d√©montr√© que de graves insurrections--dont les historiens ont √† peine parl√©--√©clat√®rent en Gaule avant le commencement de l'empire, et furent r√©prim√©es, avec une cruaut√© dont C√©sar n'avait que trop donn√© l'exemple.

Un d√©tail fourni par la numismatique vient √† l'appui de notre dire, car il accuse assez nettement l'impuissante rancune du peuple √©duen contre Auguste, patron de la nouvelle cit√© et destructeur de l'ancienne.

Sur les lisi√®res d'Augustodunum, dans les quartiers pauvres, voisins des remparts o√Ļ la population des ouvriers gaulois semblait avoir √©t√© parqu√©e, on a recueilli avec soin une grande quantit√© de m√©dailles d'Auguste de tous les modules. Presque toutes ont le cou ou la face marqu√©e d'un trait fait par un instrument tranchant. Nos antiquaires appellent ces pi√®ces des ¬ęAuguste √† cou coup√©.¬Ľ

L'usage de mutiler les pi√®ces de monnaie, par haine du ma√ģtre, date de loin, comme on le voit.

II REMPARTS ET PORTES DE L'OPPIDUM

Les remparts de l'oppidum ont--depuis l'√©poque gauloise--toujours servi de limite pour les droits d'usage des populations. Ils suivent les mouvements naturels du terrain--comme ceux des plus anciennes villes grecques et italiennes--et descendent fr√©quemment dans les gorges, parmi les sinuosit√©s des vall√©es qui d√©chirent les flancs de la montagne.

Cette derni√®re disposition √©tait command√©e par la n√©cessit√© de s'assurer la possession des sources et des petits r√©servoirs √©tablis en aval, dont on a retrouv√© les bassins parfaitement corroy√©s. Sur les pentes trop ardues pour y √©lever des habitations, les remparts remontent; ils ont m√™me parfois de deux √† trois √©tages construits, selon la n√©cessit√© des lieux, soit pour d√©fendre les chemins, soit pour mieux garantir certains points plus accessibles.

Le p√©rim√®tre des fortifications embrasse environ 135 hectares sur une longueur de plus de cinq kilom√®tres, non compris les ouvrages avanc√©s.[14]

Les murs, fouill√©s sur plusieurs centaines de m√®tres, ont √©t√© reconnus exactement conformes √† la description donn√©e par C√©sar de ceux d'Avaricum. Ils √©taient form√©s de grillages superpos√©s en poutres crois√©es, reli√©es entre elles √† mi-bois et fix√©es par des chevilles de 25 √† 35 centim√®tres de longueur.

Dans les explorations on a retrouv√© les trous de poutres et nombre de fiches de fer encore en place.

Jusqu'ici on n'a encore explor√© qu'une seule des Portes--celle du Rebout.

Elle se composait de deux bastions, entre lesquels passait la voie d'entr√©e, et dont l'un formait sur celui d'en face un angle saillant d'environ quarante m√®tres, du haut duquel on pouvait lancer des traits sur l'ennemi, en cas d'attaque de la porte.

Cette saillie, dont l'isolement e√Ľt pu cr√©er un danger, √©tait d√©fendue elle-m√™me par une esp√®ce de tour rectangulaire √©tablie de l'autre c√īt√© du chemin.

Chacun des deux bastions √©tait lui-m√™me couronn√© d'une tour en bois dont on a retrouv√© les bases--de 11 m√®tres de c√īt√©--et les d√©bris incendi√©s.

Un large foss√© suivait la ligne des remparts jusqu'aux vall√©es voisines o√Ļ il √©tait remplac√© par un terrassement dont la cr√™te formait un chemin de ronde de 8 m√®tres de large qui longeait le pied de toute la circonvallation.

L'entr√©e de l'oppidum--comme dans certains ch√Ęteaux du moyen √Ęge--formait un couloir plus √©troit que la voie, au fond duquel √©tait le seuil des portes, resserr√© encore par deux foss√©s taill√©s dans le roc, suivant un profil tr√®s r√©gulier. Ces foss√©s √©taient √©tablis pour cr√©er une g√™ne aux assaillants et faciliter l'√©coulement des eaux.

III INT√ČRIEUR DE L'OPPIDUM

L'oppidum est travers√© dans toute sa longueur par la grande voie de la *Croix du Rebout.* A l'extr√©mit√© du plateau triangulaire--dit du *Champlain*,--cette voie est rejointe par un embranchement qui part du hameau de l'*Echeneaux* et remonte la vall√©e de l'*Ecluse*.

La surface comprise dans l'int√©rieur de la couronne sup√©rieure des remparts est partag√©e en trois r√©gions bien distinctes, form√©es par trois plateaux, divis√©s par des vall√©es.

Le plateau sup√©rieur--appel√© LA TERRASSE--occupe une langue de terre tr√®s allong√©e parall√®le au rempart du c√īt√© du levant. Du haut de ce plateau, la vue s'√©tend sur des espaces sans limites, au-del√† du Puy-de-D√īme et du mont Blanc.

Le deuxi√®me plateau, dit PARC AUX CHEVAUX,‚ÄĒ-inf√©rieur au pr√©c√©dent de 10 √† 12 m√®tres d'altitude, et s√©par√© de lui par la vall√©e de la GOUTTE DAMPIERRE,--se termine au couchant par le *Theureau de la Roche*, monticule de gr√®s qui domine d'une part le cours de la *S√©glise* et de l'autre la VALL√ČE DE L'√ČCLUSE, situ√©e entre ce plateau et celui du CHAMPLAIN.

Ce dernier, resserr√© entre deux vall√©es, forme une esplanade triangulaire au sud de laquelle s'√©l√®ve un mamelon analogue √† celui du Theureau de la Roche.

La vall√©e de LA COME-CHAUDRON s√©pare le Champlain des pentes escarp√©es qui montent √† la pointe de la Terrasse o√Ļ se trouve le *Porrey*, point culminant du Beuvray, √† 820 m√®tres d'altitude au-dessus du niveau de la mer.

TERRASSE.

Ce plateau renferme le Temple, le Forum et le Champ de foire.

Temple et Forum.

Le temple du Beuvray--ainsi que le forum et autres d√©pendances qui l'entourent--parait avoir √©t√© cr√©√© uniquement en vue du p√®lerinage et de la foire √† l'√©poque o√Ļ l'oppidum fut abandonn√© de gr√© ou de force par les populations qui l'habitaient.

Les substructions qu'on rencontre sur son emplacement ont r√©v√©l√© les traces d'installations ant√©rieures remplac√©es par l'√©difice cit√© plus haut.**[15]**

Construit avec la solidit√© des travaux romains, ce temple √©tait flanqu√© de trois autres constructions au nord, √† l'ouest et au sud.

La partie qui regarde le levant comprenait un tr√®s gros mur √† hauteur d'appui, qui soutenait tout le terrassement du plateau et laissait la vue libre de ce c√īt√©.

Au nord et √† l'ouest √©taient des boutiques marchandes; au sud le logement des bestiaux et la boucherie, d√©pendance oblig√©e du temple.

Une rang√©e de boutiques,ÄĒ-√† l'usage des marchands qui se rendaient √† la foire-,ÄĒlongeait les vieux c√īt√©s de la grande voie, s√©par√©e d'elle par un trottoir et un portique couvert.

Le temple √©tait entour√© d'un portique semblable √† celui des boutiques. Il se composait de deux parties: d'un *prona√≥s* ou vestibule de 7 √† 8 m√®tres de c√īt√©, et d'une *cella* sur√©lev√©e, plus √©troite que le vestibule auquel elle faisait suite.

Quand le christianisme p√©n√©tra dans les montagnes du Morvan, le temple du Beuvray fut transform√© en chapelle; mais la partie la plus ancienne,ÄĒ-c'est-√†-dire le vestibule-,ÄĒfut seule conserv√©e. La *cella*, o√Ļ √©taient les idoles, fut enti√®rement ras√©e; car on sait que les premiers ap√ītres n'admettaient pas que les sacr√©s myst√®res soient c√©l√©br√©s dans le sanctuaire m√™me des fausses divinit√©s.,ÄĒ-On la rempla√ßa par une abside demi-circulaire pr√©c√©d√©e d'une partie droite plus √©troite que le vestibule, et l'√©difice prit ainsi la forme des basiliques constantiniennes du quatri√®me si√®cle.

La ma√ßonnerie des parties reconstruites est irr√©guli√®re comme un travail fait √† la h√Ęte et par des ouvriers inexp√©riment√©s; le mortier et les moellons en sont aussi √©galement m√©diocres.

La tradition populaire attribue cette transformation √† saint Martin lui-m√™me, et l'on doit convenir qu'√† d√©faut de preuves elle a au moins pour elle d'assez graves pr√©somptions:

La circonstance qui milite le plus en faveur de l'opinion que nous √©mettons, c'est que la m√©daille romaine--la derni√®re en date parmi celles trouv√©es dans cette ruine--est exactement contemporaine de saint Martin. Cette m√™me m√©daille √©tait aussi la derni√®re de celles qui accompagnaient l'*ex voto* de la Dea Bibracte trouv√©--comme on sait--au fond d'un puits scell√© d'une dalle, dans l'enclos du petit s√©minaire d'Autun.**[16]**

Le premier √©tablissement chr√©tien du Beuvray disparut √† une √©poque difficile √† pr√©ciser. On sait seulement qu'au douzi√®me si√®cle, on √©leva sur le m√™me emplacement un nouvel √©difice, d√©di√© √† saint Martin, qui fut ruin√© vers 1570 par les soldats de Coligny, et fit place √† une chapelle plus petite encore; celle-ci s'√©tant √©croul√©e peu d'ann√©es avant la R√©volution, ne fut remplac√©e que par une simple croix de bois.

En 1851, un membre de la Soci√©t√© √Čduenne se rendant au congr√®s de Nevers, traversa la route du Beuvray. S'√©tant d√©tourn√© quelque peu pour aller visiter le plateau de la Terrasse, il trouva la croix de Saint-Martin gisante sur le sol et bris√©e par la v√©tust√©.

Les membres du congr√®s, inform√©s de ce fait, et soucieux de perp√©tuer le souvenir du passage de saint Martin sur le Beuvray, vot√®rent par acclamation un cr√©dit pour l'√©rection de la croix de pierre qui se voit au devant de la chapelle actuelle. Cette derni√®re fut construite par souscription vingt ans plus tard, et Mgr Landriot, archev√™que de Reims, en posa la premi√®re pierre en 1871.

Foire du Beuvray.

L'exploration des terrains autour du temple et du forum a permis--en l'absence de textes √©crits--de retracer l'histoire arch√©ologique de cette foire--la plus ancienne de France et peut-√™tre du monde entier.

Elle se tient encore chaque ann√©e, au premier mercredi de mai, sur un vaste emplacement dont la destination n'a jamais vari√© depuis l'√©poque gauloise. On y recueille de nombreuses pi√®ces de cit√©s appartenant √† la Gaule, des silex taill√©s, des morceaux de hache de bronze, des verroteries, des fibules, des objets de toilette, des √©maux, et enfin toutes esp√®ces de fragments de poteries.

Viennent d'abord les poteries gauloises; la c√©ramique romaine[17]--dont les d√©bris ne se trouvent que dans les boutiques et aux alentours du champ de foire--fait suite dans cette s√©rie par rang d'anciennet√© o√Ļ elle pr√©c√®de les poteries m√©rovingiennes, ardois√©es, et ornement√©es de grillages, trouv√©es en grande quantit√© sur le m√™me emplacement.

On arrive ainsi aux poteries carlovingiennes blanches et ray√©es de rouge, puis √† celles du moyen √Ęge et de la renaissance, et enfin √† l'√©poque moderne.

Les monnaies suivent la m√™me s√©rie qui est ininterrompue de Philippe-Auguste (1180) jusqu'√† nos jours.

Ainsi,--depuis le temps o√Ļ l'on taillait des silex pour en faire des fl√®ches--toutes les g√©n√©rations ont laiss√© des traces et en quelque sorte grav√© leur √Ęge sur ce plateau c√©l√®bre. Fait unique en arch√©ologie: car autant vaudrait, pour un g√©ologue, trouver au m√™me lieu la s√©rie compl√®te des assises terrestres √† partir du granit.

A l'√©poque gauloise, les populations accouraient en foule sur la montagne, attir√©es non-seulement par la facilit√© de la vente ou de l'achat des denr√©es, mais aussi par la grande f√™te religieuse qu'on c√©l√©brait √† la m√™me √©poque. Les √Čduens allaient porter leurs voeux--*referre vota*--√† la f√©e nationale, la DEA BIBRACTE et jeter dans le bassin de sa source sacr√©e des oeufs, des pi√®ces de monnaie ou autres offrandes.

Sous la domination romaine, le Beuvray, malgr√© l'abandon de Bibracte, n'en fut pas moins le rendez-vous de toutes les populations d'alentour au moment de sa foire et de son p√®lerinage, car les Romains--contrairement √† une opinion re√ßue--furent tr√®s tol√©rants pour la religion des vaincus, *toutes les fois qu'elle ne touchait point √† la politique*, et accept√®rent avec la plus grande facilit√© les g√©nies des sources et des rivi√®res, les f√©es des fontaines, les maires..., etc., en un mot toutes les divinit√©s des Gaulois.

Les coutumes religieuses du pays √©duen √©taient d'ailleurs d'une si grande t√©nacit√© que le christianisme lui-m√™me eut grand'peine √† les d√©truire. Saint √Čloi, au sixi√®me si√®cle, d√©fendait express√©ment de ch√īmer au mois de mai; aujourd'hui encore, nous retrouvons la trace de ces coutumes dans les pratiques superstitieuses en usage chez les paysans de nos montagnes:

Les nourrices viennent comme autrefois aux sources de la f√©e Bibracte--sanctifi√©es par les noms de Saint-Pierre et de Saint-Martin--se laver le sein avant l'aurore pour obtenir un bon nourrissage et jettent dans l'eau une pi√®ce de monnaie ou un fromage.

Les hommes vont de m√™me, √† l'heure matinale, attacher des cordons de lisi√®re autour de la croix et y d√©poser des bouquets compos√©s de cinq esp√®ces d'herbes magiques--√† la mode des druides--pour pr√©server du mauvais oeil leur b√©tail ou leurs champs; puis ils s'avancent devant la croix, le dos tourn√© vers elle, et jettent derri√®re leur √©paule gauche une baguette de coudrier--l'arbre du mal.**[18]**

On retrouve dans toutes ces pratiques les restes de traditions communes √† tous les peuples issus des plateaux de l'Asie centrale.

Les forums, au moyen √Ęge, furent d√©truits √† une date inconnue et remplac√©s par de petites loges dispers√©es sur le m√™me terrain.

La foire du Beuvray pendant cette p√©riode √©tait non-seulement un rendez-vous religieux, mais aussi servait de pr√©texte √† ces sortes de plaids, dont C√©sar a cit√© quelques exemples chez les Gaulois.

Les seigneurs de Glux et de la Roche-Milay, possesseurs de la montagne, y r√©unissaient chaque ann√©e tous leurs vassaux pour en faire le d√©nombrement, et tenaient cour pl√©ni√®re.

Les f√™tes se terminaient g√©n√©ralement par un tournoi auquel prenait part toute la noblesse des environs.

La foule avant de se livrer aux affaires se rendait √† la chapelle o√Ļ √©taient c√©l√©br√©s les offices religieux, et o√Ļ l'on faisait des offrandes comme au temps d'Eum√®ne--*referunt vota templis*.

La foire du Beuvray au seizi√®me si√®cle est ainsi d√©crite par Guy Coquille:

¬ę*En la dite cime du Beuvray se tient une foire renomm√©e par toute la France ... qui repr√©sente beaucoup d'antiquit√© car elle se tient chacun an le premier mercredy du mois de may.*

¬ę*Au temps du paganisme les marchands soulaient sacrifier et faire leurs voeux a Maja d√©esse fille d'Atlas, et √† Mercure son fils, en ce mois de may, pour avoir leur faveur au trafic de leurs marchandises.*

Le mois de may est dit majus, en l'honneur de la dite Maja du temps des Romains, ainsi que dit Ovide au cinqui√®me livre des Fastes; Mercure √©tait le dieu des marchands comme se voit au prologue de la com√©die de Plaute, Amphytrion. Et on voit encore aujourd'huy que cette foire est √† jour de mercredy dit de Mercure et au mois de may dit de Maja.¬L’

De nos jours, quoique singuli√®rement d√©chue, cette foire subsiste encore; elle est m√™me l'occasion, entre les paysans, de rixes parfois sanglantes, car on s'ajourne au premier mercredi de mai pour vider en champ clos les anciennes querelles sur le sommet de la Terrasse.

PARC AUX CHEVAUX

Il commence aux pentes inf√©rieures de la Terrasse et se prolonge jusqu'au *Theureau de la Roche* entre les vall√©es de la Goutte-Dompierre et de l'√Écluse.

Des fouilles pratiqu√©es sur ce plateau, au d√©but des explorations, par M. le vicomte d'Aboville, ont mis √† jour les substructions de plusieurs maisons construites avec un certain luxe, et renfermant m√™me des mosa√Įques,--bien qu'on n'y ait trouv√© que des m√©dailles gauloises.

On rencontra dans ces fouilles les aqueducs et les premi√®res salles d'une vaste habitation, dont les proportions d√©passent tout ce qui a √©t√© d√©couvert jusqu'√† ce jour au mont Beuvray.

Cette maison--dite du Parc-aux-Chevaux--est construite sur le plan des maisons romaines, mais nous n'h√©sitons pas √† l'attribuer aux derniers temps de l'ind√©pendance de la Gaule, car on y a trouv√© quarante m√©dailles gauloises et pas une seule m√©daille de l'empire.

Elle se compose--comme les maisons luxueuses de l'antiquit√©--d'un *atrium* entour√© de couloirs ou *fauces* qui desservent les appartements distribu√©s sur les quatres faces.

Pendant les trois ann√©es qu'ont dur√© les fouilles de ce vaste b√Ętiment, on chercha inutilement l'entr√©e principale aux trois parties les mieux expos√©es, sud, est, ouest, et c'est avec surprise qu'√† la fin du travail on la d√©couvrit en plein nord dans des conditions qui prouvent que nos a√Įeux √©taient aguerris contre les intemp√©ries des saisons et la rudesse de *l'Hiems gallica.*

On acc√©dait au seuil par des marches de granit conduisant √† un petit vestibule couvert, qui d√©bouchait lui-m√™me sur une cour; d'autres cours s'√©tendaient √† droite et √† gauche et √©taient entour√©es de d√©pendances consid√©rables.

Les appartements--dans plusieurs desquels on a reconnu des traces de mosa√Įque, des carrelages carr√©s et triangulaires en schiste ou form√©s par des briquettes pos√©es sur champ et imitant la feuille de foug√®re, comme nos parquets, des traces de placage en calcaire oolithique autour des pieds-droits des portes, des chemin√©es aux *brasseros* en briques parfaitement construits...--font de cette maison une sorte de petit palais dont il nous est impossible de pr√©ciser la destination, mais que nous oserions presque attribuer au vergobret si nous avions l'assurance que ce magistrat supr√™me--pris dans toutes les parties de la cit√© indistinctement--avait √† Bibracte une r√©sidence fixe. Dans cette hypoth√®se, il faudrait admettre que les Gaulois poss√©daient des b√Ętiments publics.

Une belle source, situ√©e dans l'arri√®re-cour, et qui, depuis s'est fait jour par dessous le massif de glaise sur lequel repose l'habitation, va former la fontaine du *Loup-Bourrou*, qui sort √† 150 m√®tres plus loin, et conserve encore aujourd'hui une partie de sa vo√Ľte gauloise construite en tuileaux et en terre glaise.

Le b√Ętiment dont on vient de parler--√©tabli dans une anfractuosit√© qui le mettait √† l'abri des coups de vent et de la foudre--√©tait adoss√© du c√īt√© du levant aux pentes que coupe la grande voie du Rebout et situ√© le long d'une chauss√©e empierr√©e, non encore explor√©e.

Au nord et √† l'ouest s'√©tendent de vastes espaces couverts de ruines, principalement dans le bois dit *des Queudres*, et √† la pointe du *Theureau de la Roche.*

Entre ce mamelon et le rempart se dresse le rocher de la *Pierre-Salv√©e*. L'analogie de ce rocher avec la *Pierre de la Wivre* permet d'y voir une tribune de justice.

Au sud de ce quartier jusqu'√† la fontaine Saint-Pierre et m√™me au-del√†, les mouvements du terrain indiquent d'autres ruines o√Ļ quelques sondages ont √©t√© pratiqu√©s: on y a d√©couvert entre autres une vaste √©curie dont les cases--au nombre de quatre-vingts--form√©es par des poteaux carbonis√©s, √† un m√®tre de distance les uns des autres, devaient servir non √† des chevaux mais √† des boeufs,--pour qui cet espace √©tait suffisant. L'aire d'une grande chemin√©e demi-circulaire de 1m 70 de diam√®tre, compos√©e d'un b√©ton de tuileaux et de terre glaise dur comme la pierre, de 0m 80 d'√©paisseur, a √©t√© trouv√©e derri√®re cette √©curie.

La fontaine Saint-Pierre, situ√©e √† quelques pas de l√†, se r√©pand dans un esp√®ce de massif b√©tonn√©, entour√© de murs, et dans lequel on a trouv√© un grand nombre de tuiles √† rebords provenant--selon toute apparence--de la chute d'une toiture de lavoir.

LE CHAMPLAIN

A droite de l'entr√©e de l'oppidum s'√©l√®ve un mamelon triangulaire compris entre le rempart et les vall√©es de l'√Čcluse et de la Come-Chaudron.

Une voie longeant le retranchement conduit √† un petit plateau rocheux escarp√© de trois c√īt√©s, et domin√© par un monticule dont il n'est s√©par√© que par une esplanade demi-circulaire.

Au centre du plateau s'√©l√®ve un bloc de quelques m√®tres de hauteur, taill√©--disent les g√©ologues--par la main de l'homme, et m√©nag√© dans la masse d'un roc aplani qui forme l'aire environnante.

C'est la *pierre de la Wivre*. Elle recouvre--suivant la l√©gende--un tr√©sor accessible seulement dans la nuit de No√ęl--o√Ļ la pierre, √† l'heure de minuit, fait une r√©volution sur elle-m√™me.

Le sommet, auquel on acc√®de par une rampe √©troite, est ras√© √† l'avant en forme de si√®ge; √† l'arri√®re est une excavation ordinairement remplie d'eau pluviale et d√©sign√©e dans le pays sous le nom de *Fontaine des Larmes.* Ces traditions, rapproch√©es de la disposition singuli√®re du lieu, lui donnent un int√©r√™t historique qu'il est impossible de m√©conna√ģtre: la l√©gende du tr√©sor rappelle le *locus consecratus*--dont parle C√©sar--si fr√©quent dans les cit√©s gauloises, o√Ļ les populations d√©posaient en plein air leurs offrandes aux g√©nies et aux dieux sous la garde du serpent sacr√©.[19]

Le plateau, d'autre part--gr√Ęce √† son escarpement isol√©, et son inclinaison sur toutes faces qui facilite l'√©coulement des eaux--se pr√™te mieux que tout autre point de l'*oppidum* √† la r√©union d'un corps d√©lib√©rant.

Abrit√© par sa situation de l'oreille des curieux, ce *locus consecratus*--qui dans toutes les cit√©s antiques √©tait celui du conseil--est pour nous la salle en plein air du s√©nat gaulois. Elle pouvait contenir facilement plus de 500 personnes--chiffre auquel C√©sar √©value le nombre des chefs d'une des grandes cit√©s de la Gaule.

L'h√©micycle aplani, dont nous avons parl√©, s√©par√© du lieu du *concilium* par une lev√©e de terre assez prononc√©e, √©tait destin√© vraisemblablement √† loger les chariots des chefs et leurs chevaux, qui, pendant le conseil--d'apr√®s les lois les plus anciennes des tribus celtiques--devaient rester attach√©s au piquet.[20]

Toute cette partie de l'*oppidum* √©tait inhabit√©e. On n'a rencontr√© autour du monticule qu'une seule maison dans laquelle fut trouv√© un vase couvert d'ornements gaulois.

Les habitations n'existaient que dans la partie orientale voisine de la grande voie de la *Croix du Rebout.* La plupart √©taient poss√©d√©es par des artisans--notamment des fabricants de bronze dont les creusets et les scories ont √©t√© recueillis en grande quantit√©; on a trouv√© de distances en distances des cases fun√©raires--renfermant jusqu'√† 50 ou 60 amphores--qui appartenaient--ainsi qu'on a pu le constater depuis--aux diff√©rents corps de m√©tier occupant cette r√©gion.

VALL√ČES DE LA GOUTTE DAMPIERRE, DE L'√ČCLUSE ET DE LA COME-CHAUDRON

Ces trois vall√©es sont suivies chacune par un ruisseau o√Ļ vont se r√©unir, par bassins respectifs, les vingt-deux sources comprises dans l'int√©rieur de l'enceinte.

Une seule de ces vall√©es--celle de la Come-Chaudron--a √©t√© suffisamment explor√©e pour qu'on puisse en parler ici:

Le quartier de la Come-Chaudron, parall√®le √† celui du Champlain, est situ√© √† gauche de la grande voie, et se compose d'une partie sup√©rieure l√©g√®rement inclin√©e √† l'est et d'une vall√©e profonde travers√©e par un faible ruisseau. Les r√©gions fouill√©es le plus compl√®tement sont √† l'entr√©e m√™me de la place et servaient de demeure exclusive √† des m√©tallurgistes.

Le premier √©tablissement √©tait une fonderie, o√Ļ, dans de petits fours bien construits, on extrayait le fer directement par la m√©thode catalane. Plus loin, des forges isol√©es, creus√©es dans le sol et munies de buses en terre r√©fractaire, assez semblables aux n√ītres, un grand atelier de forgerons de 47 m√®tres de long, de vastes hangars construits avec des charpentes et de la terre battue ont offert partout les d√©bris de la sid√©rurgie dans toutes ses vari√©t√©s. Les habitations, sur la pente de la vall√©e, enterr√©es de deux m√®tres √† l'arri√®re et de plain-pied √† la fa√ßade, √©taient construites, la plupart du temps, en pis√© et en poteaux fix√©s dans le sol; les parties enfouies √©taient seules en ma√ßonnerie de pierres sans chaux, quelques-unes m√™me cloisonn√©es avec de simples planches. C'est dans ces r√©duits, esp√®ces de tanni√®res, o√Ļ le soleil ne p√©n√©trait que par la porte, quand elle n'√©tait point abrit√©e sous un auvent, que les fabricants de Bibracte exer√ßaient leurs industries, parmi lesquelles une des plus curieuses est celle de l'√©maillerie. Le travail des √©maux, qui confine √† l'art, apparut pour la premi√®re fois au centre de la Gaule, avec des dates certaines, lors des fouilles de la Come-Chaudron, en 1869; car, on ne mit point seulement √† jour quelques √©chantillons isol√©s, mais tout un centre de fabrication, dont les ateliers,ÄĒ-comme dans certaines fouilles de Pomp√©√Į-,ÄĒn'auraient paru ferm√©s que de la veille, si l'√©tat d'alt√©ration d'un grand nombre d'objets n'e√Ľt t√©moign√© d'un long s√©jour au sein de la terre.

Les ustensiles gisaient p√™le-m√™le, les fours √©taient encore remplis de charbon; √† c√īt√© de sp√©cimens compl√®tement termin√©s, on en voyait d'autres √† peine √©bauch√©s, d'autres en pleine p√©riode de fabrication; tout autour, des fragments d'√©mail brut, des creusets de terre, des gr√®s √† polir, une quantit√© consid√©rable de d√©chets, des bavures, des rognures provenant de la taille; des coques vitreuses qui conservaient l'empreinte des dessins du bronze, et, par-dessus tout, le t√©moin m√™me des op√©rations, c'est-√†-dire la m√©daille.**[21]**

Le proc√©d√©, employ√© par les Gaulois pour √©mailler les bronzes, diff√®re peu du travail de la niellure, dans lequel les populations du Caucase ont excell√© de tout temps.

Il consistait √† graver des traits ou des dessins sur la pi√®ce √† d√©corer, puis √† la recouvrir uniform√©ment, sur toute sa surface, d'une couche d'√©mail dont on enlevait ensuite l'exc√®s √† l'aide de pierres de gr√®s et de polissoirs.

Un assez grand nombre de ces √©maux primitifs de la Gaule ont √©t√© trouv√©s au Beuvray et d√©pos√©s dans les vitrines du mus√©e de Saint-Germain-en-Laye; ce sont--pour la plupart--des bossettes, des clous-ornements, des fleurons..., etc., en un mot, des objets relatifs √† l'attelage et au harnachement, incis√©s de tailles profondes remplies d'√©mail rouge.

Les lignes parall√®les ou bris√©es, les chevrons, les feuilles de foug√®res et les quadrill√©s qui composent le dessin de ces √©maux ont un caract√®re purement gaulois. L'ornementation est la m√™me que celle qu'on voit figurer sur le bouclier du guerrier gaulois dont la statue est au mus√©e d'Avignon. Il est donc de toute vraisemblance que les couleurs mentionn√©es par les √©crivains et dont nous avons parl√© plus haut comme resplendissant sur les boucliers des chefs gaulois, n'√©taient autres que des √©maux.

IV EXT√ČRIEUR DE L'OPPIDUM

Nous ne citerons que pour m√©moire diff√©rentes lignes de retranchements √©chelonn√©s sur les flancs de la montagne.

En-dehors de l'oppidum, quelques plateaux plac√©s sur les contreforts, devaient √™tre occup√©s au moins en temps de guerre. Ils n'ont point √©t√© explor√©s.

On sait que dans le syst√®me gaulois chaque tribu faisait bande √† part. Ainsi C√©sar rapporte, qu'autour de Gergovie, les Gaulois avaient couvert la montagne de camps particuliers: *Galli usque ad murum oppidi collem compleverant.*

Ce mode de campement n'a rien que de tr√®s naturel, si l'on songe que les oppidum √©taient un lieu de refuge universel et que l'occupation des mamelons √©tait n√©cessaire pour garantir les abords de la place.

Tels √©taient √† Bibracte: le mont Glandure au N., le Plat des Gaulx √† l'E., le Ceris et le mont Audu√© au S. qui forment une longue et √©troite chauss√©e dominant d'une part la vall√©e de Malvaux, et la route taill√©e dans le roc qui longe cette vall√©e, et de l'autre les voies et passages qui conduisent √† l'oppidum du c√īt√© du sud-est.

La chauss√©e se termine par un promontoire qui commande la vall√©e de la Roche-Milay et le cours de la S√©glise. C'est au milieu de cette cr√™te qu'est situ√© le rocher dit du *Pas de l'√Ęne*, au sommet duquel se trouve une petite excavation ordinairement remplie par les eaux pluviales.

Cette cuvette qui--selon toute apparence--√©tait l'objet d'une v√©n√©ration particuli√®re chez les Gaulois a √©t√© transform√©e, par la l√©gende chr√©tienne en une empreinte du pas de l'√Ęne de Saint-Martin.

L'ap√ītre, poursuivi jusqu'en ce lieu par les pa√Įens, aurait fait franchir d'un bond √† sa monture toute la vall√©e de Malvaux, et serait all√© s'abattre au *Foudon*, o√Ļ l'on montre une autre pierre de Saint-Martin.

Les villageois attribuent √† l'eau qui s√©journe dans le creux du rocher, la m√™me vertu qu'√† celle de la fontaine St-Pierre. On s'en sert comme d'un pr√©servatif contre les fi√®vres, et il n'est pas rare d'y rencontrer des pi√®ces de monnaie, des oeufs ou autres offrandes. Les pauvres seuls ont le droit d'y toucher; car celui qui, sans n√©cessit√©, y porterait la main, prendrait la maladie dont a √©t√© gu√©ri le donateur.

NOTES:

[Note 1: L'influence grecque dans les poteries et dans les quelques objets de m√©tal trouv√©s dans les fouilles du Beuvray, est tellement √©vidente qu'il n'est pas possible de supposer aux √Čduens d'autres instituteurs dans les arts que les Grecs et les Marseillais.]

[Note 2: Ce passage de Pline, quoique post√©rieur de plus de cent ans √† l'√©poque dont nous parlons, n'en est pas moins probant, car plusieurs des esp√®ces de marne que cite cet auteur ont des noms gaulois.]

[Note 3: Voir ce qui est relatif √† l'√©maillerie gauloise au paragraphe de la *Come-Chaudron*.]

[Note 4: Caesar. *Bell. Gall.* I, 22.]

[Note 5: Caesar, *Bell. Gall.*VII, 55.]

[Note 6: Caesar, *Bell. Gall.* VII, 55.]

[Note 7: Caesar. *Bell. Gall.* VII, 63.]

[Notc 8: Cacsar. *Bcll. Call.* VII, 90.]

[Note 9: Hirt. *Bell. Gall.* VIII, 2.]

[Note 10: Tandis que le fond de la nation fran√ßaise est de race celtique, la langue fran√ßaise n'a conserv√© qu'un nombre insignifiant de mots qui puissent √™tre ramen√©s √† une origine gauloise. Fait bien √©trange et qui mieux encore que l'histoire politique montre combien fut absorbante la puissance romaine. (A. Brachet, *Grammaire historique*, p. 21.)]

[Note 11: Celui de Germanus est fort rare et ne se trouve que dans les quartiers pauvres.]

[Note 12: Voir pour la discussion de ce texte le remarquable travail de notre savant coll√®gue, M. Roidot, pr√©sident du tribunal d'Autun. (*M√©moires de la Soci√©t√© √Čduenne*, t. I de la nouvelle s√©rie, p. 274.)]

[Note 13: On a identifi√© quelquefois la forteresse gauloise de Bibracte avec Augustodunum, ville essentiellement romaine. Edme Thomas, entre autres, n'admet pas que ¬ę*Bibracte Eduorum* ait √©t√© plac√©e sur ce petit d√©sert qu'on appelle Beuvray.¬Ľ ¬ęSi Beuvray √©tait l'antique Bibracte--s'√©crie na√Įvement le bon chanoine--ne devrait-on pas y retrouver les traces de sa grandeur ... des ruines de temples, de palais, de th√©√Ętres, de portiques, de pyramides, de s√©pulcres, de colonnes, de statues, d'aqueducs?... etc.¬Ľ (Edme Thomas, *Histoire de l'antique cit√© d'Autun*. p. 11 de la nouvelle √©dition.) Les moeurs et les institutions gauloises mieux connues, l'√©tude de la numismatique locale, les recherches de la philologie moderne, l'exploration des retranchements du Beuvray, et surtout les fouilles poursuivies depuis tant√īt dix ans, ont fait justice d'une erreur accr√©dit√©e par des √©rudits qui r√™vaient de villes gauloises b√Ęties sur le mod√®le de Rome et d'Ath√®nes.]

[Note 14: Bibracte est le plus grand oppidum gaulois con√ßu. Le mur pa√Įen de Sainte-Odile (Alsace), Alexia, Gergovie, ont √† peine cent hectares de superficie.]

[Note 15: Ce temple √©tait vraisemblablement d√©di√© √† la Dea Bibracte, f√©e des sources du Beuvray.]

[Note 16: Ce puits √©tait √©videmment une cachette o√Ļ furent d√©pos√©s par les derniers adorateurs de la d√©esse Bibracte les *ex voto* du temple du Beuvray, lors de sa destruction par saint Martin.]

[Note 17: Parmi les d√©bris de poteries romaines, on en a trouv√© un marqu√© du monogramme du Christ.]

[Note 18: Voir, pour plus de d√©tails, *Le culte des eaux sur les plateaux √©duens*, par M. J.-G. Bulliot. (Collection des m√©moires lus √† la Sorbonne 1867, arch√©ologie, p. 11.)]

[Note 19: Le nom conserv√© √† telle pierre se pr√™te de lui-m√™me √† notre interpr√©tation: la wivre est un serpent fantastique. La *Fontaine des Larmes* a une signification analogue: dans le Morvan, l'usage de pr√™ter serment sur certaines pierres para√ģt avoir exist√© de tout temps, et l'on admettait jadis que quand un parjure √©tendait la main la pierre suintait de l'eau. En Bretagne, les Kerguelvans ou pierres des larmes sont tr√®s communes, et on leur attribue la m√™me vertu. La Fontaine des Larmes se retrouve du reste dans un grand nombre d'*oppidum* gaulois, parmi lesquels nous pouvons citer le mur pa√Įen de la montagne de Sainte-Odile (Alsace).]

[Note 20: Le *Senchus-Mor*, recueil de lois irlandaises dont quelques-unes remontent √† deux si√®cles avant l'√®re chr√©tienne, porte entre autres: ¬ęCelui qui coupe la bride d'un chef pendant le conseil doit payer la valeur des dommages d'honneur aux sept plus nobles personnages de la r√©union.¬Ľ--¬ęCelui qui mine le tertre appel√© lieu d'assembl√©e devra remplir de lait le trou qu'il aura fait.¬Ľ]

[Note 21: Voir pour plus de d√©tails l'*Art de l'√Čmaillerie chez les √Čduens avant l'√®re chr√©tienne*, par MM. J.-G. Bulliot et Henry de Fontenay, Autun, 1875.]

www.ingramcontent.com/pod-product-compliance
Lightning Source LLC
Chambersburg PA
CBHW050027170726
48282CB00025B/578
9789357384940